108진참회문
The 108 Recitations of Repentance
108真忏悔文

대원 문재현 선사 찬술
Written by Zen Master Daewon Moon Jaehyeon
大圆文载贤禅师纂述

바로보인 출판사는 재단법인 정맥선원에서 운영하고 있습니다.

바로보인 불법 ㉘
108진참회문

초판 1쇄 펴낸날 단기 4345년, 불기 3039년, 서기 2012년 7월 1일

찬 술 자	대원 문재현 선사
펴 낸 곳	도서출판 바로보인
	487-835, 경기도 포천시 내촌면 음현리 140
	전화 031-534-3373 팩스 031-533-3387
신 고 번 호	2010.11.24. 제2010-000004호

편집·윤문	진성 윤주영
제작·교정	도명 정행태
영문 해석	원광 Eryn Michael Reager
중문 해석	홍군표
연꽃 사진	영조 진종옥, 도명 정행태
인 쇄	가람문화사

ⓒ 문재현, 2012, printed in Seoul, Korea
www.zenparadise.com

값 15,000원
ISBN 978-89-86214-88-8 03220

Baroboin Publishing Company is affiliated with Korean Jeongmaek International Zen Center.

Baroboin Buddhism ㉘
The 108 Recitations of Repentance

Published (1st edition) on July 1st BE 3039, AD 2012

Written by	Zen Master Daewon Moon Jaehyeon
Published by	Baroboin Publishing Company

Editor	Jinseong Yun Ju-yeong
Producer	Domyeong Jeong Haeng-tae
English translation by	Eryn Michael Reager
Chinese translation by	Hong JunBiao
photo of lotus flower by	Jin Jong-ok, Jeong Haeng-tae
Printing by	Garam Co.

Baroboin出版社是由财团法人正脉禅院经营

Baroboin 佛法 ㉘
108真忏悔文

第1次出版发布日期 佛纪3039年 公元2012年7月1日

纂　　述	大圆文载贤禅师
发　　行	Baroboin出版社

编辑, 润文	真性 尹柱瑛
制作, 校正	道明 郑泽太
英文翻译	艾琳 麦克 雷格
中文翻译	洪军彪
莲花照片	灵照 陈锺玉, 道明 郑泽太
印　　刷	伽蓝文化社

108진참회문
The 108 Recitations of Repentance
108真忏悔文

대원 문재현 선사 찬술
Written by Zen Master Daewon Moon Jaehyeon
大圆文载贤禅师纂述

3대 서원

오로지 정법만을 깨닫기 서원합니다.

입을 열면 정법만을 설하기 서원합니다.

중생이 다하는 그날까지 교화하기 서원합니다.

- 대원 문재현 전법선사

The Three Vows

I vow to realize only the right Dharma;

I vow to speak only the right Dharma in every word;

I vow to teach the Dharma until all sentient beings are saved.

- *JeonBeop* Zen Master Daewon Moon Jaehyeon

三大许愿

愿但求悟正法

愿开口说正法

愿一直教化到没有众生的那一天

- 大圆 文载贤 传法禅师

서 문

  이 참회문을 10계율 위주로 구성한 것은 10계가 부처님께서 설하신 모든 계율을 함축하고 있기 때문이다.
  그리고 한 구절, 한 구절마다 연꽃을 넣어서 편집, 구성한 것은 이 참회로 해서 연꽃처럼 부처님의 계를 어기는 일에 물들지 않겠다는 각오를 하자는 뜻에서이다.
  이 세상 일이 뜻대로 되지 않는 것은 모두가 전생, 전전생들의 악연 때문이다.
  108참회를 하는 것은 전생, 전전생들의 악연으로부터 가까이는 금생에 지은 모든 악연을 씻는 일이다.
  악연이 사라지면 하는 일에 장애가 없어지고, 악연이 사라지면 공부에도 장애가 없어지니, 이보다 더한 기도가 없다 할 것이요, 요즘 TV에서도 건강의 비결로 매일 108배를 권하고 있으니, 참으로 일거양득이라 아니할 수 없다.
  모두가 108참회를 실천해서 소망하는 삶을 살 수 있기를 바란다.
  이차 인연 공덕으로 구경성불하여지이다.

단기(檀紀) 4343년
불기(佛紀) 3037년
서기(西紀) 2010년

무등산인 대원 문재현 분향근서
(無等山人 大圓 文載賢 焚香謹書)

Preface

This book of Repentance is based on the Ten Precepts, because all of the precepts that the Buddha taught can be found in those ten. The lotus flower added to each verse is to remind us that, as practitioners we should not become tainted by the "mud" of the world.

This book is to be practiced by reading a verse with every prostration. The many obstacles we meet in this life are because of the negative affinities of past lives. By practicing the 108 Recitations of Repentance we can cleanse the negative karma of both present and past lives, hindrances in work and practice will disappear. What better prayer can there be? These days even the media reports the health benefits of practicing 108 prostrations; this is truly a practice that serves two worthy ends.

I pray that through the practice of repentance all people will be free to live the life they choose, and that through this merit they will come to attain Supreme Buddhahood.

BE 3037
AD 2010

Offering incense to the Buddha
Daewon Moon Jaehyeon

序 文

　　108忏悔文是以10戒为基础构成的，因为10戒涵盖了佛陀说过的所有戒律。

　　编辑和构成中，每一句都放入莲花的原因是，通过忏悔让大家像出淤泥而不染的莲花一样，不要违背佛陀戒律的意思。

　　这世上的事情不遂愿是因为前生，前前生的恶缘所造成的。

　　因此做108忏悔是洗去从前生，前前生到今生所造的一切恶缘，使得所有的事情都会顺顺利利。所以没有比这个更好的祷告。而且最近在电视里也经常播出作为健康的秘诀，劝大家做108拜。真的是一举两得的好事情。

　　祝愿大家通过108忏悔文的祈祷，都能心想事成并无量功德究竟成佛。

佛纪 3037年
西纪 2010年

无等山人 大圆 文载贤 焚香谨书

차 례

서 문

17 하나   삼보를 비방한 죄
29 둘   살생한 죄
41 셋   도적질한 죄
53 넷   음행의 죄
65 다섯   망령된 말의 죄
77 여섯   술 마심으로 지은 죄
89 일곱   사치한 죄
101 여덟   춤과 노래로 범한 죄
113 아홉   때 아닌 때 먹은 죄
125 열   금은보화를 탐한 죄
137 열하나 나라와 부모에게 다하지 못한 죄

147 78대 대원 문재현 전법선사님 인가 내력
166 바로보인 출간도서 소개

Contents

Preface

- 17 One. The Sin of Blaspheming the Three Treasures
- 29 Two. The Sin of Killing
- 41 Three. The Sin of Stealing
- 53 Four. The Sin of Sexual Misconduct
- 65 Five. The Sin of Speaking Unrighteous Words
- 77 Six. The Sin Committed through Intoxication
- 89 Seven. The Sin of Indulging in Luxury
- 101 Eight. The Sin Committed through Song and Dance
- 113 Nine. The Sin of Eating at Inappropriate Times
- 125 Ten. The Sin of Coveting Excessive Wealth
- 137 Eleven. The Sin of Not Fulfilling One's Duties to Country and Parents

- 153 Dharma Transmission of the 78th Patriarch, the *JeonBeop* Zen Master Daewon
- 166 Books by Baroboin

目 录

序文

17　第一：诽谤三宝的罪
29　第二：杀生的罪
41　第三：偷盗的罪
53　第四：淫行的罪
65　第五：妄语的罪
77　第六：饮酒犯的罪
89　第七：奢侈的罪
101　第八：歌舞犯的罪
113　第九：不到时间食用的罪
125　第十：贪图金银财宝的罪
137　第十一：没有效忠国家和孝尽父母的罪

161　78代大圆文载贤传法禅师印可来历
166　baroboin出版图书介绍

일러두기 / Introductory Note / 记 序

  이 책의 저자인 대원 문재현 선사님 이름의 영문 표기는 McCune-Reischauer 표기법에 따르면 Taewŏn Mun Chaehyŏn이라고 표기되고 한국의 문화체육관광부에서 제정한 로마자 표기법인 Revised Romanization에 따르면 Daewon Moon Jaehyeon으로 표기됩니다. 이 책에서는 Revised Romanization 표기법을 따릅니다.
  국내에서는 '현'을 'hyun'으로 적기도 하나 이것은 원 발음에 맞지 않고, Revised Romanization 표기법과도 어긋나므로 'hyeon'으로 표기합니다.

  The name of the author is spelled 'Taewŏn Mun Chaehyŏn' under the McCune-Reischauer system of romanization and is spelled 'Daewon Moon Jaehyeon' under the Revised Romanization recognized by the Korean Ministry of Culture, Sports, and Tourism. This book follows the Revised Romanization. In Korea, '현' can also be spelled as 'hyun' but is spelled as 'hyeon' herein because the former romanization does not convey the correct Korean pronunciation and is not in line with the Revised Romanization.

此书的作者大圆文载贤禅师的英文名字如果根据 McCune-Reischauer 标记方式写是 Taewŏn Mun Chaehyŏn。如果根据韩国文化体育观光部制定的 Revised Romanization 罗马字标记方式写是 Daewon Moon Jaehyeon。此书里是根据 Revised Romanization 标记方式写的。

韩国国内通常把'贤'写成'hyun'可这跟原发音不符，也违背'Revised Romanization'标记方式。因此写成了'hyeon'。

경우에 따라, 시간이 있는 분은
천수경을 독송한 후 백팔참회에 들어가고,
시간이 없는 분은 삼귀의례를 하고
백팔참회에 들어간다.

Depending on the time and situation,
If time permits, the practitioner should recite the Thousand Hands Sutra before doing the 108 recitations of repentance, otherwise they should recite the The Three Refuges first.

根据情况，如果有时间先诵读千手经再做108忏悔
如果没有时间，做完三归依礼后做108忏悔。

♣ 삼귀의례 / The Three Refuges / 三归依礼

지혜와 복덕을 갖춘 거룩한 부처님께 귀의합니다. (1배)
탐진치 삼독을 초월한 거룩한 가르침에 귀의합니다. (1배)
대중 가운데 거룩한 스님들께 귀의합니다. (1배)

I take refuge in the Buddha. (one bow)

I take refuge in the Dharma. (one bow)

I take refuge in the Sangha. (one bow)

归依佛 两足尊 (一拜)
归依法 离欲尊 (一拜)
归依僧 众中尊 (一拜)

하나
삼보를 비방한 죄

One
The Sin of Blaspheming the Three Treasures

第一
诽谤三宝的罪

전생에 부처님을 비방한 것을 참회합니다.

I repent for blaspheming the Buddha in a past life.

忏悔前生，诽谤佛的罪。

전생에 부처님법을 비방한 것을 참회합니다.

I repent for blaspheming the Buddhist Dharma in a past life.

忏悔前生，诽谤佛法的罪。

전생에 수행하는 스님들을 비방한 것을
참회합니다.

I repent for blaspheming monks in practice
in a past life.

忏悔前生，诽谤修行和尚的罪。

전생에 불법을 닦아야 함을 알면서도
닦지 않은 것을 참회합니다.

I repent for not practicing the Buddhist
Dharma despite knowing that I should have,
in a past life.

忏悔前生，明知要修行佛法却没有修行的罪。

전생에 불법을 적극 수호하지 못한 것을
참회합니다.

I repent for not actively protecting
the Buddhist Dharma in a past life.

忏悔前生，没有积极守护佛法的罪。

금생에 부처님을 비방한 것을 참회합니다.

I repent for blaspheming the Buddha in this life.

忏悔今生，诽谤佛的罪。

금생에 부처님법을 비방한 것을 참회합니다.

I repent for blaspheming
the Buddhist Dharma in this life.

忏悔今生，诽谤佛法的罪。

금생에 수행하는 스님들을 비방한 것을
참회합니다.

I repent for blaspheming monks
in practice in this life.

忏悔今生，诽谤修行和尚的罪。

금생에 불법을 닦아야 함을 알면서도
닦지 않은 것을 참회합니다.

I repent for not practicing the Buddhist Dharma despite knowing that I should have, in this life.

忏悔今生，明知要修行佛法却没有修行的罪。

금생에 불법을 적극 수호하지 못한 것을
참회합니다.

I repent for not actively protecting
the Buddhist Dharma in this life.

忏悔今生，没有积极守护佛法的罪。

둘
살생한 죄

Two
The Sin of Killing

第二
杀生的罪

전생에 살생한 것을 참회합니다.

I repent for killing in a past life.

忏悔前生，杀生的罪。

전생에 살생을 모르는 사이 도운 것을
참회합니다.

I repent for unknowingly aiding in killing
in a past life.

忏悔前生，不知情下帮助杀生的罪。

전생에 살생하는 마음 가졌던 것을 참회합니다.

I repent for holding the intention to kill in a past life.

忏悔前生，有过杀生之心的罪。

전생에 살생하여 기른 곡식임을 알면서도
먹고 산 것을 참회합니다.

I repent for knowingly partaking
in the outcomes of killing in a past life.

忏悔前生，明知粮食是杀生而耕耘的却食用的罪。

전생에 물도 생명인 줄 알면서 먹고 산 것을
참회합니다.

I repent for drinking water despite
knowing that water also has life,
in a past life.

忏悔前生，明知水也有生命却饮用的罪。

금생에 살생한 것을 참회합니다.

I repent for killing in this life.

忏悔今生，杀生的罪。

17

금생에 살생을 모르는 사이 도운 것을
참회합니다.

I repent for unknowingly aiding in killing
in this life.

忏悔今生，不知情下帮助杀生的罪。

금생에 살생하는 마음 가졌던 것을 참회합니다.

I repent for holding the intention to kill in this life.

忏悔今生，有过杀生之心的罪。

19

금생에 살생하여 기른 곡식임을 알면서도 먹고 산 것을 참회합니다.

I repent from knowingly partaking in the outcomes of killing in this life.

忏悔今生，明知粮食是杀生而耕耘的却食用的罪。

금생에 물도 생명인 줄 알면서 먹고 산 것을
참회합니다.

I repent for drinking water despite
knowing that water also has life,
in this life.

忏悔今生，明知水也有生命却饮用的罪。

셋
도적질한 죄

Three
The Sin of Stealing

第三
偷盜的罪

전생에 도적질한 것을 참회합니다.

I repent for stealing in a past life.

忏悔前生，偷盗的罪。

전생에 도적질을 모르는 사이 도운 것을
참회합니다.

I repent for unknowingly aiding in stealing
in a past life.

忏悔前生，不知情下帮助偷盗的罪。

전생에 남의 물건 탐낸 것을 참회합니다.

I repent for coveting the possessions of another in a past life.

忏悔前生，贪别人东西的罪。

전생에 남에게 빌린 것을 고의로 갚지 않은 것을 참회합니다.

I repent for intentionally not paying back my debts in a past life.

忏悔前生，借别人的东西却故意不还的罪。

25

전생에 남에게 빌린 것을 없어서 갚지 못한 것을 참회합니다.

I repent for being incapable of paying back my debts in a past life.

忏悔前生，借别人的东西却无法还的罪。

금생에 도적질한 것을 참회합니다.

I repent for stealing in this life.

忏悔今生，偷盗的罪。

금생에 도적질을 모르는 사이 도운 것을
참회합니다.

I repent for unknowingly aiding in stealing
in this life.

忏悔今生，不知情下帮助偷盗的罪。

금생에 남의 물건 탐낸 것을 참회합니다.

I repent for coveting the possessions of another in this life.

忏悔今生，贪别人东西的罪。

금생에 남에게 빌린 것을 고의로
갚지 않은 것을 참회합니다.

I repent for intentionally not paying back
my debts in this life.

忏悔今生，借别人的东西却故意不还的罪。

금생에 남에게 빌린 것을 없어서
갚지 못한 것을 참회합니다.

I repent for being incapable of
paying back my debts in this life.

忏悔今生，借别人的东西却无法还的罪。

넷
음행의 죄

Four
The Sin of Sexual Misconduct

第四
淫行的罪

전생에 바른 음행을 못한 것을 참회합니다.

I repent for committing sexual misconduct
in a past life.

忏悔前生，没有正淫的罪。

전생에 이성을 범하는 일을 모르는 사이 도운 것을 참회합니다.

I repent for unknowingly aiding
in sexual misconduct in a past life.

忏悔前生, 不知情下帮助别人侵犯异性的罪。

전생에 이성을 보고 마음으로 범한 것을
참회합니다.

I repent for holding the intention to
commit sexual misconduct in a past life.

忏悔前生，看到异性以心犯的罪。

전생에 자신을 부각하여 이성에게 음심을
일으키게 한 것을 참회합니다.

I repent for impressing another for
the purpose of arousing licentiousness
in a past life.

忏悔前生，显出自己让异性起淫心的罪。

전생에 제삼자를 시켜 자신을 부각하여
이성에게 음심을 일으키게 한 것을 참회합니다.

I repent for involving a third party to
impress another for the purpose of
arousing licentiousness in a past life.

忏悔前生，用第三者来显出自己让异性起淫心的罪。

금생에 바른 음행을 못한 것을 참회합니다.

I repent for committing sexual misconduct in this life.

忏悔今生，没有正淫的罪。

금생에 이성을 범하는 일을 모르는 사이 도운 것을 참회합니다.

I repent for unknowingly aiding
in sexual misconduct in this life.

忏悔今生，不知情下帮助别人侵犯异性的罪。

금생에 이성을 보고 마음으로 범한 것을 참회합니다.

I repent for holding the intention to commit sexual misconduct in this life.

忏悔今生，看到异性以心犯的罪。

금생에 자신을 부각하여 이성에게 음심을
일으키게 한 것을 참회합니다.

I repent for impressing another for
the purpose of arousing licentiousness
in this life.

忏悔今生，显出自己让异性起淫心的罪。

금생에 제삼자를 시켜 자신을 부각하여
이성에게 음심을 일으키게 한 것을 참회합니다.

I repent for involving a third party to
impress another for the purpose of
arousing licentiousness in this life.

忏悔今生，用第三者来显出自己让异性起淫心的罪。

다섯
망령된 말의 죄

Five
The Sin of Speaking Unrighteous Words

第五
妄语的罪

전생에 없는 말을 만들어 남을 곤경에 빠뜨린 것을 참회합니다.

I repent for bringing harm to another by slandering against them in a past life.

忏悔前生，编造谎言使别人掉进困境的罪。

전생에 거짓말한 것을 참회합니다.

I repent for lying in a past life.

忏悔前生，撒谎的罪。

다섯. 망령된 말의 죄
Five. The Sin of Speaking Unrighteous Words
第五：妄语的罪

전생에 이간질한 것을 참회합니다.

I repent for bringing people apart
in a past life.

忏悔前生，挑拨离间的罪。

전생에 꾸며 말한 것을 참회합니다.

I repent for fabricating stories
in a past life.

忏悔前生，夸大其词的罪。

전생에 남에게 악담한 것을 참회합니다.

I repent for cursing another in a past life.

忏悔前生，诅咒别人的罪。

금생에 없는 말을 만들어 남을 곤경에 빠뜨린 것을 참회합니다.

I repent for bringing harm to another by slandering against them in this life.

忏悔今生，编造谎言使别人掉进困境的罪。

금생에 거짓말한 것을 참회합니다.

I repent for lying in this life.

忏悔今生，撒谎的罪。

금생에 이간질한 것을 참회합니다.

I repent for bringing people apart
in this life.

忏悔今生，挑拨离间的罪。

금생에 꾸며 말한 것을 참회합니다.

I repent for fabricating stories in this life.

忏悔今生，夸大其词的罪。

금생에 남에게 악담한 것을 참회합니다.

I repent for cursing another in this life.

忏悔今生，诅咒别人的罪。

여섯
술 마심으로 지은 죄

Six
The Sin Committed through Intoxication

第六
饮酒犯的罪

전생에 술 마심으로 지은 것을 참회합니다.

I repent for sins committed through intoxication in a past life.

忏悔前生，饮酒犯的罪。

전생에 술 마심으로 스스로 어지러웠던 것을 참회합니다.

I repent for disturbing my mind through intoxication in a past life.

忏悔前生，饮酒使自己的身心混乱的罪。

전생에 술 마심으로 남에게 피해를 끼친 것을
참회합니다.

I repent for causing harm to another
through intoxication in a past life.

忏悔前生，饮酒使别人受到伤害的罪。

전생에 남에게 술을 마시게 한 것을
참회합니다.

I repent for leading another to
drink alcohol in a past life.

忏悔前生，劝别人饮酒的罪。

전생에 남에게 술을 마시게 하여 그이로 하여금
다른 이에게 피해를 끼치게 한 것을 참회합니다.

I repent for causing harm to another by
leading them to drink alcohol
in a past life.

忏悔前生，劝别人饮酒使他给其他人受到伤害的罪。

금생에 술 마심으로 지은 것을 참회합니다.

I repent for sins committed through intoxication in this life.

忏悔今生，饮酒犯的罪。

금생에 술 마심으로 스스로 어지러웠던 것을
참회합니다.

I repent for disturbing my mind through
intoxication in this life.

忏悔今生，饮酒使自己的身心混乱的罪。

금생에 술 마심으로 남에게 피해를 끼친 것을 참회합니다.

I repent for causing harm to another through intoxication in this life.

忏悔今生，饮酒使别人受到伤害的罪。

금생에 남에게 술을 마시게 한 것을
참회합니다.

I repent for leading another to
drink alcohol in this life.

忏悔今生，劝别人饮酒的罪。

금생에 남에게 술을 마시게 하여 그이로 하여금 다른 이에게 피해를 끼치게 한 것을 참회합니다.

I repent for causing harm to another by leading them to drink alcohol in this life.

忏悔今生，劝别人饮酒使他给其他人受到伤害的罪。

일곱
사치한 죄

Seven
The Sin of Indulging in Luxury

第七
奢侈的罪

전생에 몸을 아름답게 꾸미고 방탕한 것을
참회합니다.

I repent for adorning the body and living
in wantonness in a past life.

忏悔前生，打扮的漂亮而放荡的罪。

전생에 교묘한 자태로 남을 유혹한 것을
참회합니다.

I repent for seducing another with
enticing gestures in a past life.

忏悔前生，用不择手段的姿态诱惑别人的罪。

전생에 남에게 몸을 아름답게 꾸며 방탕케 한 것을 참회합니다.

I repent for leading another to adorn the body and live in wantonness in a past life.

忏悔前生，劝别人打扮的漂亮而使其放荡的罪。

전생에 교묘한 자태로 남을 유혹하여 자신의
목적을 이룬 것을 참회합니다.

I repent for seducing another with enticing
gestures to achieve my personal goals
in a past life.

忏悔前生, 用不择手的姿态诱惑别人而达到自己目的的罪。

전생에 몸에 향기를 뿌리고 다니며 남의 마음을
어지럽게 한 것을 참회합니다.

I repent for adorning the body with
fragrances and disturbing the mind of
others in a past life.

忏悔前生，浑身洒满香气使别人的身心混乱的罪。

금생에 몸을 아름답게 꾸미고 방탕한 것을
참회합니다.

I repent for adorning the body and living
in wantonness in this life.

忏悔今生，打扮的漂亮而放荡的罪。

일곱. 사치한 죄
Seven. The Sin of Indulging in Luxury
第七：奢侈的罪

금생에 교묘한 자태로 남을 유혹한 것을 참회합니다.

I repent for seducing another with enticing gestures in this life.

忏悔今生，用不择手段的姿态诱惑别人的罪。

금생에 남에게 몸을 아름답게 꾸며 방탕케 한 것을 참회합니다.

I repent for leading another to adorn the body and live in wantonness in this life.

忏悔今生，劝别人打扮的漂亮而使其放荡的罪。

금생에 교묘한 자태로 남을 유혹하여 자신의
목적을 이룬 것을 참회합니다.

I repent for seducing another with enticing
gestures to achieve my personal goals
in this life.

忏悔今生，用不择手的姿态诱惑别人而达到自己目的的罪。

70

금생에 몸에 향기를 뿌리고 다니며 남의 마음을
어지럽게 한 것을 참회합니다.

I repent for adorning the body
with fragrances and disturbing the mind of
others in this life.

忏悔今生，浑身洒满香气使别人的身心混乱的罪。

여덟
춤과 노래로 범한 죄

Eight

The Sin Committed through Song and Dance

第八
歌舞犯的罪

전생에 노래나 하며 방탕한 것을 참회합니다.

I repent for singing in wantonness
in a past life.

忏悔前生，唱歌放荡的罪。

전생에 노래나 하며 허송세월한 것을
참회합니다.

I repent for time wasted with song
in a past life.

忏悔前生，唱歌虚度岁月的罪。

전생에 노래나 하며 놀아 나라와 가정에 보탬이
되지 못한 것을 참회합니다.

I repent for not helping my country and
family while entertaining myself
with song in a past life.

忏悔前生，唱歌玩乐无助于国家和家庭的罪。

전생에 춤이나 추며 자신의 마음을 흐린 것을
참회합니다.

I repent for clouding my mind with dance
in a past life.

忏悔前生，跳舞使自己的身心混乱的罪。

전생에 춤이나 추며 남의 눈을 흐리게 한 것을
참회합니다.

I repent for clouding the mind of others
with dancing in a past life.

忏悔前生，跳舞使别人的眼睛混乱的罪。

금생에 노래나 하며 방탕한 것을 참회합니다.

I repent for singing in wantonness
in this life.

忏悔今生，唱歌放荡的罪。

금생에 노래나 하며 허송세월한 것을
참회합니다.

I repent for time wasted with song
in this life.

忏悔今生，唱歌虚度岁月的罪。

금생에 노래나 하며 놀아 나라와 가정에 보탬이
되지 못한 것을 참회합니다.

I repent for not helping my country and
family while entertaining myself
with song in this life.

忏悔今生，唱歌玩乐无助于国家和家庭的罪。

금생에 춤이나 추며 자신의 마음을 흐린 것을
참회합니다.

I repent for clouding my mind with dance
in this life.

忏悔今生，跳舞使自己的身心混乱的罪。

금생에 춤이나 추며 남의 눈을 흐리게 한 것을
참회합니다.

I repent for clouding the mind of others
with dancing in this life.

忏悔今生，跳舞使别人的眼睛混乱的罪。

아홉
때 아닌 때 먹은 죄

Nine
The Sin of Eating at Inappropriate Times

第九
不到时间食用的罪

전생에 때 아닌 때 먹은 것을 참회합니다.

I repent for partaking food at inappropriate times in a past life.

忏悔前生，不到时间食用的罪。

전생에 육식한 것을 참회합니다.

I repent for eating meat in a past life.

忏悔前生，食用荤食的罪。

아홉. 때 아닌 때 먹은 죄
Nine. The Sin of Eating at Inappropriate Times
第九：不到时间食用的罪

전생에 함부로 먹고 써서 허비한 것을
참회합니다.

I repent for wasting food and
eating indiscriminately in a past life.

忏悔前生，随便食、用而浪费的罪。

전생에 양식이 농부들의 피땀임을 잊은 것을
참회합니다.

I repent for forgetting that food comes
from farmers' sweat and blood
in a past life.

忏悔前生，忘记了粮食是农民的血汗的罪。

아홉. 때 아닌 때 먹은 죄
Nine. The Sin of Eating at Inappropriate Times
第九：不到时间食用的罪

전생에 수많은 생명들의 희생을 잊은 채 먹고 쓴 것을 참회합니다.

I repent for forgetting that my consumption is indebted to the sacrifice of other lives in a past life.

忏悔前生，忘记了无数生命的牺牲而获得食、用的罪。

금생에 때 아닌 때 먹은 것을 참회합니다.

I repent for partaking food at inappropriate times in this life.

忏悔今生，不到时间食用的罪。

금생에 육식한 것을 참회합니다.

I repent for eating meat in this life.

忏悔今生，食用荤食的罪。

88

금생에 함부로 먹고 써서 허비한 것을
참회합니다.

I repent for wasting food and
eating indiscriminately in this life.

忏悔今生，随便食、用而浪费的罪。

금생에 양식이 농부들의 피땀임을 잊은 것을 참회합니다.

I repent for forgetting that food comes from farmers' sweat and blood in this life.

忏悔今生，忘记了粮食是农民的血汗的罪。

금생에 수많은 생명들의 희생을 잊은 채 먹고 쓴 것을 참회합니다.

I repent for forgetting that my consumption is indebted to the sacrifice of other lives in this life.

忏悔今生，忘记了无数生命的牺牲而获得食、用的罪。

아홉. 때 아닌 때 먹은 죄
Nine. The Sin of Eating at Inappropriate Times
第九：不到时间食用的罪

열
금은보화를 탐한 죄

Ten
The Sin of Coveting Excessive Wealth

第十
贪图金银财宝的罪

전생에 금은보화를 탐하여 가진 것을 참회합니다.

I repent for coveting and possessing excessive wealth in a past life.

忏悔前生，贪图金银财宝得到的罪。

전생에 금은보화를 많이 가져 남에게 과시한 것을 참회합니다.

I repent for flaunting my excessive wealth to others in a past life.

忏悔前生，得到很多金银财宝给别人炫耀的罪。

열. 금은보화를 탐한 죄
Ten. The Sin of Coveting Excessive Wealth
第十：贪图金银财宝的罪

전생에 금은보화를 많이 가져 남을 업신여긴 것을 참회합니다.

I repent for looking down on others with my excessive wealth in a past life.

忏悔前生，得到很多金银财宝小看别人的罪。

전생에 금은보화를 많이 가져 남에게 초라한 마음을 갖게 한 것을 참회합니다.

I repent for causing others to feel deficient by possessing excessive wealth in a past life.

忏悔前生，得到很多金银财宝使别人感觉寒酸的罪。

전생에 금은보화를 많이 가져 남에게 탐하게 한 것을 참회합니다.

I repent for causing covetousness
in others by possessing excessive wealth
in a past life.

忏悔前生，得到很多金银财宝使别人贪图的罪。

금생에 금은보화를 탐하여 가진 것을
참회합니다.

I repent for coveting and possessing
excessive wealth in this life.

忏悔今生，贪图金银财宝得到的罪。

금생에 금은보화를 많이 가져 남에게 과시한 것을 참회합니다.

I repent for flaunting my excessive wealth to others in this life.

忏悔今生，得到很多金银财宝给别人炫耀的罪。

금생에 금은보화를 많이 가져 남을 업신여긴 것을 참회합니다.

I repent for looking down on others with my excessive wealth in this life.

忏悔今生，得到很多金银财宝小看别人的罪。

금생에 금은보화를 많이 가져 남에게 초라한 마음을 갖게 한 것을 참회합니다.

I repent for causing others to feel deficient by possessing excessive wealth in this life.

忏悔今生，得到很多金银财宝使别人感觉寒酸的罪。

금생에 금은보화를 많이 가져 남에게 탐하게 한 것을 참회합니다.

I repent for causing covetousness in others by possessing excessive wealth in this life.

忏悔今生，得到很多金银财宝使别人贪图的罪。

열. 금은보화를 탐한 죄
Ten. The Sin of Coveting Excessive Wealth
第十：贪图金银财宝的罪

열하나
나라와 부모에게 다하지 못한 죄

Eleven
The Sin of Not Fulfilling One's Duties to
Country and Parents

第十一
没有效忠国家和孝尽父母的罪

전생에 나라의 명을 지키지 못한 것을
참회합니다.

I repent for not keeping the orders of
my country in a past life.

忏悔前生，辜负国家之命的罪。

전생에 나라에 충성을 다하지 못한 것을
참회합니다.

I repent for not fulfilling my allegiance to
my country in a past life.

忏悔前生，没有效尽对国家忠诚的罪。

열하나. 나라와 부모에게 다하지 못한 죄
Eleven. The Sin of Not Fulfilling One's Duties to Country and Parents
第十一：没有效忠国家和孝尽父母的罪

전생에 부모에게 효를 다하지 못한 것을
참회합니다.

I repent for not fulfilling my filial duties
to my parents in a past life.

忏悔前生，没有效尽父母孝道的罪。

전생에 가난한 이웃에 다하지 못한 것을
참회합니다.

I repent for not helping my poor neighbor
in a past life.

忏悔前生，没有帮尽困难邻居的罪。

열하나. 나라와 부모에게 다하지 못한 죄
Eleven. The Sin of Not Fulfilling One's Duties to Country and Parents
第十一：没有效忠国家和孝尽父母的罪

금생에 나라의 명을 지키지 못한 것을
참회합니다.

I repent for not keeping the orders of
my country in this life.

忏悔今生，辜负国家之命的罪。

금생에 나라에 충성을 다하지 못한 것을 참회합니다.

I repent for not fulfilling my allegiance to my country in this life.

忏悔今生，没有效尽对国家忠诚的罪。

열하나. 나라와 부모에게 다하지 못한 죄
Eleven. The Sin of Not Fulfilling One's Duties to Country and Parents
第十一：没有效忠国家和孝尽父母的罪

금생에 부모에게 효를 다하지 못한 것을
참회합니다.

I repent for not fulfilling my filial duties
to my parents in this life.

忏悔今生，没有效尽父母孝道的罪。

금생에 가난한 이웃에 다하지 못한 것을
참회합니다.

I repent for not helping my poor neighbor
in this life.

忏悔今生，没有帮尽困难邻居的罪。

열하나. 나라와 부모에게 다하지 못한 죄
Eleven. The Sin of Not Fulfilling One's Duties to Country and Parents
第十一：没有效忠国家和孝尽父母的罪

나무 삼계도사 사생자부 시아본사 석가모니불
(석가모니불 108번)

Sakyamuni Buddah, great ascetic of the three worlds, unsurpassed by life and death, great teacher.
(Recite the name of Buddha 108 times.)

三界教主四生慈父人天导师 本师释迦牟尼佛
(释迦牟尼佛108次精勤)

78대 대원 문재현 전법선사님 인가 내력

제 1 오도송

이 몸을 끄는 놈 이 무슨 물건인가?
골똘히 생각한 지 서너 해 되던 때에
쉬이하고 불어온 솔바람 한 소리에
홀연히 대장부의 큰 일을 마치었네

무엇이 하늘이고 무엇이 땅이런가
이 몸이 청정하여 이러-히 가없어라
안팎 중간 없는 데서 이러-히 응하니
취하고 버림이란 애당초 없다네

하루 온종일 시간이 다하도록
헤아리고 분별한 그 모든 생각들이
옛 부처 낳기 전의 오묘한 소식임을
듣고서 의심 않고 믿을 이 누구인가!

대원 문재현 전법선사님의 스승이신 불조정맥 제77조 조계종(曹溪宗) 전강(田岡) 대선사님께서 1962년 대구 동화사의 조실로 계실 당시 대원 문재현 선사님께서도 동화사에 함께 머무르고 계셨다.

하루는, 전강 대선사님께서 대원 선사님의 3연으로 되어 있는 제1오도송을 들어 깨달은 바는 분명하나 대개 오도송은 짧게 짓는다고 말씀하셨다. 이에 대원 선사님께서는 제1오도송을 읊은 뒤, 도솔암을 떠나 김제들을 지나다가 석양의 해와 달을 보고 문득 읊었던 제2오도송을 일러드렸다.

제 2 오도송

해는 서산 달은 동산 덩실하게 얹혀 있고
김제의 평야에는 가을빛이 가득하네
대천이란 이름자도 서지를 못하는데
석양의 마을길엔 사람들 오고 가네

제2오도송을 들으신 전강 대선사님께서는 이에 그치지 않고 그와 같은 경지를 담은 게송을 이 자리에서 즉시 한 수 지어볼 수 있겠냐고 하셨다. 대원 선사님께서는 곧바로 다음과 같이 읊으셨다.

바위 위에는 솔바람이 있고
산 아래에는 황조가 날도다
대천도 흔적조차 없는데
달밤에 원숭이가 어지러이 우는구나

전강 대선사님께서는 위 송의 앞의 두 구를 들으실 때만 해도 지긋이 눈을

감고 계시다가 뒤의 두 구를 마저 채우자 문득 눈을 뜨고 기뻐하는 빛이 역력하셨다.

그러나 전강 대선사님께서는 여기에서도 그치지 않고 다시 한 번 물으셨다.

"대중들이 자네를 산으로 불러내고 그 중에 법성(향곡 스님 법제자인 진제 스님. 나중에 법원으로 개명.)이 달마불식(達磨不識) 도리를 일러보라 했을 때 '드러났다'고 답했다는데, 만약에 자네가 당시의 양무제였다면 '모르오'라고 이르고 있는 달마 대사에게 어떻게 했겠는가?"

대원 선사님께서 답하셨다.

"제가 양무제였다면 '성인이라 함도 서지 못하나 이러-히 짐의 덕화와 함께 어우러짐이 더욱 좋지 않겠습니까?' 하며 달마 대사의 손을 잡아 일으켰을 것입니다."

전강 대선사님께서 탄복하며 말씀하셨다.

"어느새 그 경지에 이르렀는가?"

"이르렀다곤들 어찌 하며, 갖추었다곤들 어찌 하며, 본래라곤들 어찌 하리까? 오직 이러-할 뿐인데 말입니다."

대원 선사님께서 연이어 말씀하시자 전강 대선사님께서 이에 환희하시니 두 분이 어우러진 자리가 백아가 종자기[1]를 만난 듯, 고수명창 어울리듯 화기애애하셨다.

달마불식 공안[2]에 대한 위의 문답은 내력이 있는 것이다. 전강 대선사님께서 대원 선사님을 부르기 며칠 전에, 저녁 입선 시간 중에 노장님 몇 분만이 자리에 앉아있을 뿐 자리가 텅텅 비어 있었다고 한다.

---

1) 백아는 고대 중국의 거문고의 달인으로서, 중국의 제일가는 거문고 연주자였다. 그러나 그의 음악을 진정으로 이해하고 제대로 들을 수 있는 이는 그의 가장 친한 친구 종자기뿐이었다. 종자기가 세상을 떠나자 백아는 거문고 줄을 끊어버리고 다시는 거문고를 연주하지 않았다.
2) 공안(公案) : 화두. 깨닫게 하기 위해 선사가 보인 것. 사람들이 의문을 가지고 참구하게 하는 것.

대원 선사님께서 이상히 여기고 있던 중, 밖에서 한 젊은 수좌가 대원 선사님을 불렀다. 그 수좌의 말이 스님들이 모두 윗산에 모여 기다리고 있으니 가자고 하기에 무슨 일인가 하고 따라가셨다.

그러자 그 자리에 있던 법성 스님이 보자마자 달마불식 법문을 들고 이르라고 하기에 지체없이 답하셨다.

"드러났다."

곁에 계시던 송암 스님께서 또 안수정등 법문을 들고 물으셨다.

"여기서 어떻게 살아나겠소?"

대뜸 큰소리로 이르셨다.

"안·수·정·등."

이에 좌우에 모인 스님들이 함구무언(緘口無言)인지라 대원 선사님께서는 먼저 그 자리를 떠나 내려와 버리셨다.

그 다음날 입승인 명허 스님께서 아침 공양이 끝난 자리에서 지난 밤 입선 시간 중에 무단으로 자리를 비운 까닭을 묻는 대중 공사를 붙여 산 중에서 있었던 일들이 낱낱이 드러나고 말았다. 그리하여 입선시간 중에 자리를 비운 스님들은 가사 장삼을 수하고 조실인 전강 대선사님께 참회의 절을 했던 일이 있었다. 전강 대선사님께서는 이때에 대원 선사님께서 달마불식 도리에 대해 일렀던 경지를 점검하셨던 것이다.

이런 철저한 검증의 자리가 있었던 다음 날, 전강 대선사님께서 부르시기에 대원 선사님께서 가보니 주지인 월산(月山) 선사님께서 모든 것이 약조된 데에서 입회해 계셨으며 전강 대선사님께서는 곧바로 다음과 같이 전법게(傳法偈)를 전해주셨다.

전 법 게

부처와 조사도 일찍이 전한 것이 아니거늘
나 또한 어찌 받았다 하며 준다 할 것인가
이 법이 2천년대에 이르러서
널리 천하 사람을 제도하리라

덧붙여 이 일은 월산 선사님이 증인이며 2000년까지 세 사람 모두 절대 다른 사람이 알게 하거나 눈에 띄게 하지 않아야 한다고 당부하셨다.
 만약 그러지 않을 시에는 대원 선사님께서 법을 펴 나가는데 장애가 있을 것이라고 예언하셨다. 또한 각별히 신변을 조심하라 하시고 월산 선사님에게 명령해 대원 선사님을 동화사의 포교당인 보현사에 내려가 교화에 힘쓰게 하셨다. 대원 선사님께서 보현사로 떠나는 날, 전강 대선사님께서는 미리 적어두셨던 부송(付頌)을 주셨으니 다음과 같다.

부 송

어상을 내리지 않고 이러-히 대한다 함이여
뒷날 돌아이가 구멍 없는 피리를 불리니
이로부터 불법이 천하에 가득하리라

위의 송의 '어상을 내리지 않고 이러-히 대한다 함이여'라는 첫째 줄 역시 내력이 있는 구절이다.
 전에 대원 선사님께서 전강 대선사님을 군산 은적사에서 모시고 계실 당시 마당에서 홀연히 마주쳤을 때 다음과 같은 문답이 있었다.

전강 대선사님께서 물으셨다.

"공적(空寂)의 영지(靈知)를 이르게."

대원 선사님께서 대답하셨다.

"이러-히 스님과 대담(對談)합니다."

"영지의 공적을 이르게."

"스님과의 대담에 이러-합니다."

"어떤 것이 이러-히 대담하는 경지인가?"

"명왕(明王)은 어상(禦床)을 내리지 않고 천하 일에 밝습니다."

위와 같은 문답 중에 대원 선사님께서 답하신 경지를 부송의 첫째 줄에 담으신 것이다.

전강 대선사님께서 대원 선사님을 인가[3]하신 과정을 볼 때 한 번, 두 번, 세 번을 확인하여 철저히 점검하신 명안종사의 안목에 탄복하지 않을 수 없으며 이에 끝까지 1초의 머뭇거림도 없이 명철하셨던 대원 선사님께 찬탄하지 않을 수 없다.

그리하여 법열로 어우러진 두 분의 자리가 재현된 듯 함께 환희용약하지 않을 수 없다.

이제 전강 대선사님과 약속한 2천년대를 맞이하였으므로 여기에 대원 문재현 전법선사님께서 전강 대선사님으로부터 받은 전법게를 밝힌다. 이로써 경허, 만공, 전강 대선사님으로 내려온 근대 대선지식의 정법의 횃불이 이 시대에 이어져 전강 대선사님의 예언대로 불법이 천하에 가득할 것이다.

---

3) 인가(印可) : 부처님으로부터 이어진 정맥의 법을 전해 받은 스승이 제자의 깨달음을 정식으로 인증하는 것.

Dharma Transmission of the 78th Patriarch, the *JeonBeop* Zen Master Daewon

First Gatha of Enlightenment

What is this thing that carries this body?
For three or four years I had contemplated thus,
To the sound of the wind swishing through the pine trees,
The great work was completed all at once.

What is sky and what is earth?
This mind, as it is pure, is boundless, just like this.
Responding in a place with no center, inside or out,
There is nothing gained or lost to begin with.

All thoughts of knowing and separating,
On which we spend all the time of day;
Who would believe without a doubt upon hearing,
This is the mysterious news before the advent of the ancient

Buddha?

In the summer of 1962 the Dharma Lineage of the Buddha and Patriarchs, the 77th Patriarch and Zen Master of the *Jogye* Order, Jeong-gang was the *Josil*[4] of Donghwa Temple. During this time *JeonBeop* Zen Master Daewon was studying with his teacher, the Great Zen Master Jeon-gang. One day he presented his gatha of enlightenment to the master. The Great Zen Master Jeon-gang praised his student saying that his 3 stanza gatha was a clear sign of his enlightenment. However he commented that gathas are traditionally kept short. In response to this, Zen Master Daewon recited another gatha he had composed earlier in the year when he had seen the moon and the sun in the setting sky over the fields of Gimje.

Second Gatha of Enlightenment

The sun in the west and the moon in the east, lightly hang over the mountains,
And the fields of Gimje are filled with the autumn hue.
Even though the whole universe cannot be,
People come and go on the road with the setting sun.

---

4) *Josil*(租室) : The highest authority on the Dharma in a temple. The Great Zen Master Jeon-gang was also a patriarch who had received the Dharma of enlightenment directly descended from the Buddha.

The Great Zen Master Jeon-gang heard this and asked Zen Master Daewon if he could compose another gatha that would reveal the same stage of enlightenment. Zen Master Daewon immediately recited the following stanza:

Upon the rock the wind passes through the pine trees,
And below the mountain flies the golden oriole.
There is not a trace even of the entire universe,
But the monkey cries loudly under the moonlight.

The Great Zen Master Jeon-gang listened to the first two lines with his eyes gently closed. When he heard the last two lines he opened his eyes, delighted, and asked about an incident in the mountains that occurred earlier in the retreat. "When the others called you up into the mountain the other day and Boepseong *sunim*[5] (Jinje, the disciple of Zen Master Hyang-gok. Later his name was changed to Beopwon.), asked you to speak on Bodhidharma's 'Don't Know' hwadu, you said, 'revealed!' If you were the emperor Wu, how would you have responded when Bodhidharma said, 'Don't know'?"

"If I were the emperor Wu," replied Zen Master Daewon, "I would have responded by saying, 'Even though there is no such thing as a saint, wouldn't it be much better to enjoy the flower of my virtue together in harmony like this?' and take Bodhidharma by the hand."

The Great Zen Master Jeon-gang was astonished, "How have you

---

5) *sunim* : an honorific title for Buddhist monks and nuns.

reached such a stage?"

Zen Master Daewon replied, "How could one say that he has reached it, that he has it, or that it is of his nature? It is just like this."

As Zen Master Daewon continued, the Great Zen Master Jeon-gang became greatly pleased and the two came together like Baega and Jongjagi.[6]

The story behind this dialogue had taken place a few days earlier on the mountain. Zen Master Daewon had entered the meditation hall for the evening session only to find the seats in the hall empty except for few of the elder monks. Right when Zen Master Daewon was thinking this was strange he saw a young monk quietly call out, waiting for him outside of the hall. He told Zen Master Daewon that a group of monks were waiting for him on the mountain behind the meditation hall.

Zen Master Daewon followed the young monk into the mountain and found a gathering of twenty some monks waiting for him in stony silence. Immediately upon seeing Zen Master Daewon, Beopseong *sunim* called out to him,

"Speak on Bodhidharma's 'Don't know!' *gong-an*."

Without a moment's hesitation Zen Master Daewon replied, "Revealed."

---

6) Baega was the master of the *geomungo*, a 6-stringed harp, in ancient China. Although he was the greatest player of the *geomungo* in all of China, only his most beloved friend, Jongjagi, could truly understand and appreciate his music. So when Jongjagi suddenly passed away one day, Baega smashed the *geomungo* and cut its strings, never to play the *geomungo* again.

Then Song-am *sunim*, who was standing nearby, asked him about the '*An Su Jeong Deung*' *gong-an*.[7]

"If you were hanging by the vine how would you save your self?" Song-am *sunim* asked.

Zen Master Daewon replied loudly, "*An! Su! Jeong! Deung!*"

As all of the monks were startled into silence, Zen Master Daewon walked away.

After breakfast the next day Myeongheo *sunim*, the head monk, gathered all of the monks to ask them why they had been absent from the evening meditation. It was at this time the whole story was revealed. As a result, the monks who had been absent during the session assumed their formal robes and bowed in penance before the Great Zen Master Jeon-gang.

It was at this time the master tested Zen Master Daewon's enlightenment. The next day the master called Zen Master Daewon to receive his dharma.

He recited this transmission Gatha,

---

7) '*An Su Jeong Deung*' *gong-an* : A man being chased by a mad elephant fell into a well. At the bottom of the well were four poisonous snakes waiting to devour him. Before falling to the bottom of the well, he grabbed hold of a vine being gnawed at by white and black mice. With the mad elephant thumping outside, there was nowhere for him to run. At this moment, a drop of honey fell from a beehive hanging above into the man's mouth. At the taste of honey, he forgot all the danger he was in. The question of how one would save oneself in this situation is the *gong-an* of *An Su Jeong Deung*.

Dharma Transmission Gatha

Even the Buddha and the patriarchs had given nothing.
How could I say I have received it or will give it.
This Dharma, in the new Millenium,
Shall save all people of the world.

The master requested the abbot, Zen Master Wolsan, to stand as a witness of Zen Master Daewon's enlightenment and Dharma transmission. He stressed that no one should know about Zen Master Daewon receiving his transmission and *in-ga*[8] until the year 2000. He forewarned, that if not, many obstacles would arise in spreading the Dharma and Zen Master Daewon would be in danger.

After this secret transmission, the Great Zen Master Jeon-gang ordered Zen Master Wolsan to send Zen Master Daewon to Bohyeon Temple, an ancillary temple of Donghwa Temple, to teach the practice of enlightenment to the Buddhist laity.

The day Zen Master Daewon left for Bohyeon Temple, the Great Zen Master Jeon-gang walked a mile with him outside the temple doors and gave him a piece of paper with a gatha he had written for his parting pupil.

---

8) *in-ga*(印可) : the formal recognition of a pupil's enlightenment by a master who has received transmission in the Dharma lineage started by Sakyamuni Buddha.

Gatha of Entrusting the Dharma

To respond just like this without leaving his throne,
In days to come a child of stone will blow a flute without holes.
Thenceforth, the Dharma will spread throughout heaven and earth.

There is also a story behind the first line, "To respond just like this without leaving his throne."

One day, while Zen Master Daewon was serving under the Great Zen Master Jeon-gang at the Eunjeok Temple in Gunsan, the following dialogue took place between them during an unexpected encounter in the garden.

"Tell me about the spiritual awakening in the silent void?" the Great Zen Master Jeon-gang asked.

"Just like this, I talk with you," Zen Master Daewon replied.

"Tell me about the silent void in spiritual awakening?"

"Talking with you, I am just like this."

As Zen Master Daewon answered, the Great Zen Master Jeon-gang sharply stared at him and asked, "What is the stage of talking 'just like this'?" in order to test whether his student truly knew the stage of being 'just like this'.

"A wise king wholly responds to everything without leaving his throne." Zen Master Daewon replied, and it is the stage that he makes clear here the Great Zen Master Jeon-gang put in the first line of his Gatha of Entrusting the Dharma.

Looking at the Great Zen Master Jeon-gang's *in-ga* transmission of Zen Master Daewon, one cannot help but admire the discerning eye of the wise master who thoroughly tested his student not once or twice but for a third time, and with how Zen Master Daewon responded to every test without a moment's hesitation. As if this were happening in the present, one cannot help but take heart in this interaction between two Zen Masters brought together by the joy of the Dharma.

Now that we are in the second millenium, as predicted by the Great Zen Master Jeon-gang it is time to reveal the Dharma transmission Gatha he wrote for *JeonBeop* Zen Master Daewon. As foreseen by the Great Zen Master Jeon-gang, the light of the modern Zen tradition carried on from the Great Zen Master Gyeongheo and the Great Zen Master Man-gong to the Great Zen Master Jeon-gang and future generations will fill the world.

78代大圆文载贤传法禅师印可来历

第一 悟道颂

此身运转是何物
疑端汩没三夏来
松头吹风其一声
忽然大事一时了

何谓青天何谓地
当体清净无边外
无内外中应如是
小分取舍全然无

一日于十有二时
悉皆思量之分别
古佛未生前消息
闻者即信不疑谁

既是大圆文载贤传法禅师的恩师，也是佛祖正脉的第77祖，曹溪宗的田冈大禅师1962年任大邱桐华寺祖室[9]的时候，大圆文载贤禅师也一同住在了桐华寺。

一日，田冈大禅师把大圆禅师叫到跟前说了关于大圆禅师第一悟道颂的想法："你的悟道颂可以证明真悟但是一般的悟道颂都是短的。"

听了这句话后，大圆禅师背出了曾经路过金堤平野时，看到夕阳的日月后立刻背过的第二悟道颂。

第二 悟道颂

日月两岭载同模
金提平野满秋色
不立大千之名字
夕阳道路人去来

听完第二悟道颂的田冈大禅师没有至此停留，继续问，能否当场背一首同样境地的颂。大圆禅师当下背起了下一首颂。

岩上在松风
山下飞黄鸟
大千无痕迹
月夜乱猿啼

听到头两句的时候还是微微闭上眼睛的田冈大禅师，当听完后两句以后立刻睁开眼睛脸上露出了喜悦之色。

---

9) 寺院里的最高佛法者。田冈大禅师不仅是一位祖室还是传承了佛陀悟道之法的祖师。

但是田冈大禅师仍然没有就此止步的意思，继续问了下一个问题："僧众们把你叫到山上，其中法性(香谷和尚的法弟子真际，后来法号改为法远)问你'达摩不识'的道理时，你说'露了'。如果你是当时的梁武帝，面对达摩大师的'不识。你会怎么回答呢?"

大圆禅师回答说："如果我是梁武帝就说虽然所谓的圣人也没有，跟朕如是共享德华岂不更好? 并会牵着他的手站起来。"

田冈大禅师非常感慨的说："何时达到了如此境地?"

"岂能说是达到? 岂能说是具备? 又岂能说是本来? 只是如是而已。"

听完大圆禅师的回答，田冈大禅师难以掩饰欢喜之情。两人如同伯牙见到了钟子期[10]一样，喜气洋洋。

关于'达摩不识'公案[11]的问答是有过一段插曲的。被田冈大禅师召唤的前几天的晚上正值入禅时间，奇怪的是，禅房里除了两位老僧外，其他位子都是空空如也。

大圆禅师正在纳闷，门外有个僧侣悄悄做了一个出来的手势，然后对着耳朵说大部分的僧侣们都在后山上等着，叫他一起去，大圆禅师跟着年轻的僧侣进了山，来到山中一看，大概有20多位僧侣站在那儿等大圆禅师。

其中一位法性僧侣见到大圆禅师后，突然发问起来。

"说一下达摩不识公案。"

大圆禅师毫不犹豫的回答：

"露了。"

旁边的松庵和尚又问了岸树井藤公案。

"在这里，怎样才能活下来?"

---

10) 伯牙是古代中国瑶琴的达人，是著名的瑶琴演奏家。但是真正能理解他的音乐的人只有好朋友——钟子期。钟子期死后，伯牙断琴弦再也没有演奏瑶琴。

11) 公案：话头。为了悟道，禅师的明示。提出疑问后让人们参究。

大圆禅师立刻大声说：

"岸 树 井 藤。"

看到众僧侣都缄口无言，大圆禅师回头下了山。

第二天早饭结束后，明虚和尚把昨天晚上入禅时间中无端旷课的事情开了大众会议，致使山中发生的事件才水落石出。

最终，入禅时间里旷课的僧侣们都穿着长衫，郑重的给田冈大禅师磕头谢罪。田冈大禅师彻底验证了大圆禅师对'达摩不识'公案时所答的境地。

有了这种彻底验证的第二天，大圆禅师被田冈大禅师召唤过去，当时月山住持和尚也在场。在这种情况下田冈大禅师直接把传法偈传给了大圆禅师。

传法偈

佛祖未曾传
我亦何受授
此法二千年
广度天下人

田冈大禅师还让月山和尚当了印可[12]的证人，并叮嘱一直到2000年为止不许让别人知道，如果不这样会在以后的传法中遇到很多的障碍。并说一定要注意身体，命令月山和尚让大圆禅师去桐华寺的布教堂-普贤寺去效力于布教上。

田冈大禅师虽然把大圆禅师叫到山上问答过的众僧们都磕头谢罪过，但还是担心大圆禅师。所以急忙把结制中的大圆禅师送到普贤寺去了。

大圆禅师去普贤寺的当天，田冈大禅师一直相送到离开寺院1km还多，并且把提前写好的付颂传给了大圆禅师。付颂如下：

---

12) 印可：传承佛陀正脉之法的老师正式的印证弟子的悟道。

付 颂

不下御床对如是
后日石儿吹无孔
自此佛法满天下

以上偈颂里的第一句'不下御床对如是'也有小插曲。

以前大圆禅师拜田冈大禅师于郡山隐寂寺的时候,一天在庭院里不期而遇,有过以下的问答。

田冈大禅师问:

"道一下空寂的灵知。"

大圆禅师回答说:

"如是跟禅师对谈。"

"道一下灵知的空寂。"

"跟禅师对谈是如是。"

"什么是如是对谈之境地?"

"明王不下御床通天下。"

所以把大圆禅师这时回答时的境地,放在了付颂的第一句。

纵观田冈大禅师在印可大圆禅师的整个过程,一次,两次,三次,不停的确认,验证。不得不让我们佩服一代宗师的明眼智慧,又不得不赞叹大圆传法禅师至始至终,没有一秒钟的犹豫而明澈的回答。

两位禅师以法喜建起的境地仿佛就在眼前,让大家无不欢喜雀跃。

至此跟田冈大禅师约定的2000年代已经到来,所以在这里大圆文载贤传法禅师明示了从田冈大禅师那里传承下来的传法偈。

至此,镜虚,万空,田冈大禅师延续下来的近代正法火种,如田冈大禅师的预言,定将在这时代布满全天下。

도서출판 바로보인의 도서
Books by Baroboin Publications
Baroboin书

• 불조정맥(佛祖正脈) - 한영중 3개국어판

불조정맥은 석가모니불로부터 현 78대에 이르기까지 불조정맥진영(佛祖正脈眞影)과 정맥전법게(正脈傳法偈)를 온전하게 갖춘 최초의 불조정맥서이다. 대원 문재현 선사님이 다년간 수집, 정리하여 기도와 관조 끝에 완성한 '불조정맥'을 3개국어로 완역하였다.

· *Dharma Lineage of the Buddhas and Patriarchs*
  – Korean-English-Chinese Edition

The Dharma Lineage of the Buddha and the Patriarchs is the first complete compilation of the portraits and transmission songs of all the Buddhas and patriarchs from Sakyamuni Buddha to the 78th Patriarch. Collected and compiled over many years and completed through meditation and prayer by Zen Master Daewon Moon Jaehyeon. It is a significant book that will help people all over the world to appreciate the quintessence of Buddhist Dharma and feel the essence of the Buddhas and patriarchs.

· 佛祖正脉-韩英中3国语版

"佛祖正脉"是从教主释迦牟尼到现第78代为止把佛祖正脉真影和正脉传法偈保存的最完整的一本书。

是大圆文载贤禅师多年的搜集整理及观行和祈祷之下所完成。真是一本真正能体会佛的精髓和能用心亲近佛的世上少有的书。

· 화두(話頭) - 한영중 3개국어판

'화두'는 대원 문재현 선사님 평생의 선문답의 결정판이다.
한국의 생생히 살아있는 선(禪)을 '화두'를 통해 만날 수 있다.

· *Hwa-du* - Korean-English-Chinese Edition

Hwa-du is the most authoritative edition of Zen questions and answers by *JeonBeop* Zen Master Daewon Moon Jaehyeon. Through *Hwa-du* one may encounter the living Zen of the Korean tradition.

· 话头-韩英中3国语版

话头是大圆文载贤传法禅师毕生禅问答的精编版。
通过话头能活灵活现的体会到韩国浓浓的禅意。

☁ 영문번역 / English translation / 英文翻译

* 에린 마이클 레거 / Eryn Michael Reager / 艾琳 麦克 雷格

1972년생
오레곤 의대 간호학과 졸업
현재 미국 군의관으로 재직중
영역 : 불조정맥, 화두, 백팔참회문

Born 1972
Graduated with a BSN from Oregon Health and Science University
Presently an officer in the US Army Nurse Corps
english translation : *Dharma Lineage of the Buddhas and Patriarchs, Hwa-du, The 108 Recitations of Repentance*

1972年生
毕业于Oregon医大学 看护专业
现就职于美国军医官
韩译英的书有 佛祖正脉/话头/108忏悔文

☁ 중문번역 / Chinese translation / 中文翻译

* 홍군표 / Hong JunBiao / 洪军彪

1973년 8월 12일 출생
1993년 길림성 장춘시 송화강 외국어대학 졸업, 한국어와 일어 전공.
2000년 하남성 여유그룹회사에서 5년간 가이드로 재직.
2005년~2010년 경명여행사 창업. 대표로 활동.
현재 불교책 번역과 홍보에 힘쓰고 있습니다.

Born August 12th 1973
1993 Grandauted SongHuanJiang Foreign Studies University majored in Korean and Japanese
2000 Tour guide for Yeoyu Group in Hanamseong
2005 to 2010 Founded and managed Gyeongmyeong Travel Agency
Currently working on translating and promoting Buddhist literature

1973年8月12日出生
1993年毕业于吉林省长春松花江外国语学院. 专攻：韩国语 日语
2000年开始在河南省旅游集团从事5年的导游工作
2005年~2010年自主经营河南省景明旅行社
现从事佛教书的翻译和宣传

이 책은 혜봉(慧峯) 정성도(鄭晟道) 본연(本然)님의 보시에 의해 출간되었습니다. 이 무량공덕으로 구경성불하기를 기원합니다.

The publication of this book has been made possible by the donation of Hyebong Jeong Seong-do. Through this act of infinite virtue may he come to attain supreme Buddhahood.

此书是慧峰郑晟道本然的布施下出刊。衷心祝愿无量功德究竟成佛。